AF349770

CONGRÈS

DES

CHAMBRES DE COMMERCE

DE

Reims, Troyes
Saint-Dizier et Châlons-sur-Marne

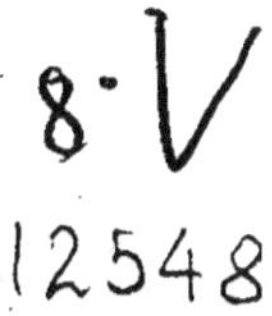

CONGRÈS

DES

CHAMBRES DE COMMERCE

de Reims, Troyes, Saint-Dizier et Châlons-sur-Marne

L'an mil huit cent quatre-vingt-dix neuf, le six avril à deux heures de l'après-midi,

En conformité d'une décision de M. le Ministre du Commerce, MM. les délégués des Chambres de commerce de Reims, Troyes et Saint-Dizier se sont réunis en congrès avec la Chambre de Châlons-sur-Marne, en l'une des salles de la Préfecture, à Châlons.

Étaient présents ?

M. Mongeot, député de la Haute Marne, sous-secrétaire d'État aux Postes et Télégraphes, M. le Préfet de la Marne, M. Léon Bourgeois, député pour l'arrondissement de Châlons, M. Loche, Conseiller général du canton de Suippes, M. le Directeur des Postes et Télégraphes du département.

M. Poullot, Président, MM. Raoul Chandon de Briailles, Marteau, Vasseur, membres de la Chambre de commerce de Reims, Bressand, Président de la Chambre de commerce de Saint-Dizier, Samuel, Vice-président et Pinson, membre de la Chambre de commerce de Troyes et MM. Herveux, Président, Vincienne, Vice-Président, Appert, Buirette, Oury, Gilardoni, Delétrée, Lallement, membres, et Giraul, Secrétaire-Trésorier de la Chambre de commerce de Châlons.

M. Herveux ouvre la séance en demandant aux membres du congrès de constituer le bureau.

M. Mougeot, Sous-Secrétaire d'Etat, prié de prendre la présidence, décline cet honneur à raison des observations et des propositions qu'il sera obligé de présenter au cours des projets mis en délibération.

Par acclamation ont été nommés :

M. Herveux, président ; MM. Poullot, Bressand et Samuel, vices-présidents, M. Giraul, secrétaire et M. Raoul Chandon, vice-secrétaire.

Au nom du bureau, M. Herveux, président, remercie l'Assemblée et exprime la reconnaissance de tous à M. le Sous-Secrétaire d'Etat qui a bien voulu apporter au Congrès l'appui de son expérience, de sa haute autorité et a témoigné ainsi le grand intérêt que le Gouvernement porte aux choses de l'industrie et du commerce.

La parole est donnée au secrétaire pour la lecture d'un projet de la Chambre de Commerce de Châlons tendant à la création d'un second circuit téléphonique Châlons-Epernay-Paris et les au delà, d'un circuit Châlons-Reims-Mourmelon, et d'un autre, Châlons-Arcis-sur-Aube-Troyes.

L'administration a elle même rédigé au point de vue technique les termes de la proposition.

BUT DE LA RÉUNION.

Constitution d'un Syndicat en vue de fournir à l'Etat, à titre d'avance remboursable, les fonds nécessaires pour l'établissement :

1° D'un 2° circuit téléphonique, Châlons-Epernay-Paris ;

2° D'un circuit, Châlons-Mourmelon-Reims ;

3° D'un circuit, Châlons-Arcis-sur-Aube-Troyes.

I

Circuit Châlons-Epernay-Paris.

Ce circuit sert aux communications échangées entre Paris (et sa banlieue) et les réseaux d'Epernay, Châlons, Sainte-Ménehould, Verdun, Bar-le-Duc, Vitry-le-François, Saint-Dizier, ainsi que les petits réseaux directement reliés à ceux-ci.

Par suite du nombre et de l'importance croissante de ces réseaux, le circuit Châlons-Epernay-Paris est devenu très chargé et son doublement est vivement demandé.

Ce doublement assurerait non seulement une communication plus rapide, il permettrait encore sans doute de correspondre avec les villes dotées de deux circuits directs avec Paris. C'est ainsi que l'Administration fait espérer la communication avec Lyon, Bordeaux, le Hàvre.

Le circuit actuel, fil de 2 millimètres 1|2 a donné lieu à une avance de 47.000 francs. Le Syndicat de Châlons a versé 24.000 francs et la maison Chandon, d'Epernay, 23.000 francs. Le remboursement intégral a eu lieu en 2 ans 1|2.

Le doublement du 2e circuit projeté est déjà commencé. En effet, sur une avance de la Chambre de commerce de Châlons, un 2e circuit Châlons-Epernay a été établi en fil de $3^m|^m$.

Mise en service le 1er avril 1898, la section de Châlons-Epernay a donné lieu déjà à trois remboursements s'élevant à 5.871 francs 50.

Pour obtenir une amélioration d'audition il conviendrait que la section d'Epernay-Paris fut construite en fil de $4^m|^m$. L'avance réclamée à cet effet serait de 82.500 francs.

II

Circuit Châlons-Mourmelon-Reims.

Les villes de Lille, Reims, Nancy et Dijon sont désignées comme devant être les grands centres téléphoniques régionaux du Nord et de l'Est, reliés directement par des fils à forte section.

Or, l'expérience a démontré que pour obtenir une bonne audition, il était sage de ne pas avoir recours à plus de trois postes intermédiaires.

Dans ces conditions, et étant donné que les Chambres du département du Nord, de Nancy et de Reims poursuivent entre elles l'installation des circuits Lille-Reims, Reims-Nancy, Nancy-Dijon, il y a un grand intérêt à ce que les réseaux soient rattachés directement ou par deux intermédiaires seulement à ces centres régionaux.

Châlons, Suippes, Sainte-Ménehould, Courtisols, Vitry-le-François, Bar-le-Duc, Verdun, Saint-Dizier gagneraient de nouveaux correspondants à l'établissement d'un circuit Châlons-Mourmelon-Reims.

Or, Mourmelon est tout disposé à fournir l'avance pour la section Mourmelon-Reims. Il resterait donc à construire la section Mourmelon-Châlons, soit une dépense de 12.000 fr. environ.

III

Circuit Troyes-Arcis-Châlons.

La Marne est actuellement reliée à Romilly et à Troyes par les circuits Epernay-Fère-Champenoise-Sézanne, Sézanne-Anglure-Romilly.

Ces circuits d'une faible section, appropriés à la téléphonie et à la télégraphie simultanées donnent une communication défectueuse. En outre, par suite des intermédiaires obligés Epernay-Sézanne-Romilly, les au-delà de Châlons et de Reims ne sont pas admis à converser avec Troyes.

Un circuit direct Châlons-Troyes serait donc d'une grande utilité.

La section Troyes-Arcis-sur-Aube étant sur le point d'être construite, il resterait à pourvoir à la section Arcis-sur-Aube-Châlons-sur-Marne, soit une dépense de 22 à 25.000 francs.

Cette communication réunie à celle de Châlons-Reims serait profitable aux départements de la Marne, des Ardennes, de l'Aisne, de l'Aube et de la Haute-Marne.

A la demande de M. le Président, le Congrès décide qu'il convient d'étudier et de discuter séparément chacun des projets.

M. Giraut, en quelques mots, développe les intentions de la Chambre de Châlons, les moyens d'exécution qu'elle entrevoit, les ressources dont elle peut disposer et il exprime l'espoir qu'il ne sera pas déçu, que les Chambres intéressées voudront bien intervenir, pour, par un effort commun, aboutir à un résultat favorable à tous. Mais d'abord et avant tout, il importe que le Congrès soit bien fixé sur le point de savoir, si, sans réticences, l'Administration donnera les communications avec les au-delà de Paris, à défaut de cette promesse formelle, M. Giraut déclare que la subvention offerte par la Chambre de commerce de Châlons ne sera pas maintenue.

M. le Sous-Secrétaire d'Etat reconnaît, dit-il, l'importance de l'observation et affirme nettement, que dans le cas de réalisation du second circuit Châlons-Epernay-Paris, avec un fil de 4 millimètres, les communications en passe-Paris seront données avec les villes reliées à Paris par des circuits d'un diamètre suffisant.

M. Giraut se dit satisfait de la déclaration de M. le Sous-Secrétaire d'Etat qui annule ainsi les réserves contenues en la note technique de l'administration départementale dont il est fait mention ci-dessus.

M. Raoul Chandon fait remarquer que des réseaux à double circuit sont installés à l'aide de fils de diamètre variant de 2 à 4 millimètres et aujourd'hui, chacun sait, par la pratique, que les communications par fils de petit diamètre sont toujours défectueuses, alors que par fils de gros diamètre elles sont meilleures et même bonnes. Or, si on admet la création du deuxième réseau Châlons-Epernay-Paris avec le fil de 4 millimètres, il sera indispensable que les communications à longues distance pour Paris et les au-delà soient données par le fil à forte section et exclusivement afin d'éviter le recours aux postes intermédiaires et le réseau ancien servirait aux autres communications. Il y aurait alors ce qu'on pourra appeler le service *omnibus* et le service *express*.

M. Giraut à ce sujet rappelle que lorsque la Chambre de commerce de Châlons a, à ses frais exclusivement, installé jusqu'à Epernay l'amorce du second circuit Châlons-Epernay-Paris, il a été formellement stipulé et convenu que ce réseau servirait seulement aux communications avec les réseaux d'Epernay, Châlons, Sainte-Ménehould, Verdun, Bar-le-Duc, Vitry-le-François, Saint-Dizier et les petits réseaux reliés directement à ceux-ci, mais que jamais, et sous aucun prétexte, sur ce deuxième circuit Châlons-Epernay-Paris ne pourraient se greffer les réseaux qui existent ou existeraient plus tard entre Epernay et Paris. Cette condition demeure entière et il doit être entendu qu'elle sera respectée.

M. Marteau insiste sur l'importance du diamètre des fils et soutient que celui de 4 millimètres pourra bientôt être déclaré insuffisant. Un ingénieur du télégraphe lui a affirmé que pour Nancy-Reims, on a demandé 5 millimètres. En conséquence, il désire savoir l'avis officiel de M. le Sous-Secrétaire d'Etat.

Répondant tout à la fois à MM. Giraut, Chandon et Marteau, M. le Sous-Secrétaire d'Etat rassure les membres du Congrès en disant que, d'après les données actuelles de la science, le diamètre de 4 millimètres est suffisant, que même, il pourrait être utilisé entre Paris et Berlin, si le projet à l'Etude aboutit et s'il ne s'agissait, bien entendu, que d'obtenir la communication directe entre ces deux Capitales.

Ainsi, en admettant un circuit Lyon-Dijon Reims-Lille, il est permis d'affirmer, sous réserve, que les communications seraient excellentes.

M. Mongeot ajoute qu'il est évident que, notamment pour le dédoublement du circuit Châlons-Epernay-Paris, les communications seront, surtout pour les au-delà de Paris, données exclusivement par le fil de 4 millimètres.

A raison du coût d'installation du second circuit Châlons-Epernay-Paris qui s'élève d'après le devis à **82.500** francs, M. Giraut demande si, sans nuire à la qualité des fils et à la perfection du travail, il ne serait pas possible d'en réduire le chiffre puisque déjà les poteaux télégraphiques sont posés et utilisables. Car en diminuant la dépense on trouverait plus de bonnes volontés pour la création de nouvelles lignes.

M. Chandon craint, au contraire, que l'esprit d'économie, dans l'espèce, conduise l'Administration à se servir de matière première de qualité douteuse et à utiliser, comme on l'a déjà fait, des appareils trop anciens et d'un usage défectueux ; il préfère donc payer au besoin un prix fort, avec le droit d'avoir et d'exiger de bonnes communications.

M. le Sous-Secrétaire d'Etat, sans nier que des économies ont déjà été réalisées sur les devis proposés, de-

mande que dans l'espèce, on se range au sentiment de
M. Chandon et, par contre, il promet que les circuits dont
le Congrès votera l'établissement seront constitués par
des fils de première qualité et desservis au moyen des
appareils les plus perfectionnés que l'Administration
aura adoptés sur les lignes interurbaines.

Sous le bénéfice de ces observations et déclarations,
le principe du circuit Châlons-Epernay-Paris ne fait l'objet d'aucune contestation.

En ce qui concerne le circuit Châlons-Reims-Mourmelon, M. Marteau n'en voit pas l'utilité et il désire surtout que Reims consacre ses ressources à une entente
pour un circuit Reims-Lille, mais il regrette que Lille
jusqu'à ce jour, se montre réfractaire à tout pourparler.

M. Giraut au contraire appuie la création d'un circuit
Châlons-Reims-Mourmelon qui rendra les plus grands
services et Mourmelon l'a si bien compris que cette ville
offre déjà à la Chambre de commerce de Châlons une
première subvention de 12.000 francs ; il est donc sage
de profiter de ces bonnes dispositions et de les encourager, de les soutenir et de leur donner un appui effectif
en maintenant ce réseau dans ceux à créer par le congrès. Tel est aussi le sentiment de l'assemblée.

M. le Président demande au Congrès d'étudier le § III
c'est-à-dire le circuit Châlons-Arcis-sur-Aube Troyes.

M. Samuel fait observer que déjà les fonds nécessaires
sont réalisés pour l'amorce Troyes Arcis-sur-Aube et
que dès lors il ne reste plus qu'à songer à la construction de la ligne Arcis Châlons, soit environ 50 kil., et
une dépense approximative de 22.000 francs.

M. Mongeot, pour la raison qu'il va développer demande l'abandon, au moins momentané, de la continuation du réseau Troyes-Arcis jusqu'à Châlons, étant
entendu que le circuit Troyes-Arcis sera néanmoins

installé, puisque les fonds nécessaires sont déjà disponibles, et M. le Sous-Secrétaire d'Etat, en sa qualité de chef de l'Administration et du service des Postes et Télégraphes, soumet au congrès la proposition suivante :

M. Mongeot est partisan convaincu de l'utilité, de la nécessité des circuits nouveaux Châlons Epernay Paris avec passe-Paris et de celui Châlons Reims-Mourmelon mais il veut compléter le projet de la Chambre de Châlons par un autre plus vaste, d'un intérêt encore plus général et dont les villes de Lyon, Dijon, Troyes, Reims, Châlons, Saint-Dizier, la Haute-Marne comme la Meuse et les Vosges doivent tirer les plus grands bénéfices. Pour la région de l'Est, Dijon, Reims, Nancy doivent être avec Lille dans le Nord, et Lyon dans le sud-Est, les grands centres téléphoniques de nos contrées et il importe d'assurer les communications faciles et rapides de ces grands pays commerciaux.

Or, d'une part Lyon est relié directement à Dijon : si on créait un réseau direct Dijon Troyes Reims, il en résulterait pour ces quatre villes les plus grands avantages, car la ligne étant directe, Troyes pourrait communiquer d'un côté avec Dijon Lyon et les stations reliées à ces villes puis avec Reims et Châlons et par conséquent les réseaux reliés à ces dernières, c'est-à-dire Mourmelon, Suippes, Vitry, Saint-Dizier, Bar-le-Duc, Epinal.

Pour Châlons et Reims, avantages identiques.

Donc, la création du réseau Arcis-Châlons n'est pas actuellement indispensable, puisque de Troyes à Châlons il y aura un seul poste intermédiaire : Reims, et il est démontré qu'avec trois postes intermédiaires on peut assurer une bonne communication. Reims aussi aura Nancy Epinal par Troyes, seul poste intermédiaire.

Ce projet nécessiterait une dépense de 185.000 francs et M. le Sous-Secrétaire d'Etat, au nom de l'Administration, s'engage, à raison de l'intérêt général qu'il attache à la création de ce réseau, à donner ferme et par exception une subvention de l'Etat de 35.000 francs. Il croit personnellement pouvoir assurer que la Chambre de commerce de Dijon, de son côté, sera prochainement amenée, pour des raisons qu'il ne peut encore faire connaître, à offrir une subvention importante. Lyon, certainement ne restera pas indifférent, et les Chambres de Saint-Dizier et Bar-le-Duc, seront sollicitées directement et avec instance par le Gouvernement. Donc le projet est réalisable et doit être réalisé puisque son utilité est démontrée.

M. Marteau reconnaît l'importance du projet, mais il rappelle que, antérieurement, des engagements ou tout au moins des promesses ont été échangés pour la création du réseau Nancy-Reims et que M. le Sous-Secrétaire d'Etat semble ainsi abandonner l'exécution de cette dernière ligne.

M. le Sous-Secrétaire d'Etat répond que si des engagements fermes ont été pris régulièrement ils seront tenus, toutefois il accorde la préférence au réseau Dijon-Troyes-Reims et c'est à lui seul qu'il consacrera la subvention de 35.000 fr. dont il peut disposer.

M. Bressand ne voit, lui, d'intérêt pour sa circonscription que dans la réalisation du réseau Dijon Troyes-Reims et c'est à celle-ci qu'il aurait désiré voir s'appliquer la subvention que pourrait voter la Chambre de Saint-Dizier si d'autres réseaux n'avaient pas été reconnus utiles et nécessaires par le congrès.

M. Poullot croit que le projet Nancy Reims sera abandonné en raison de la force d'inertie opposée par la Chambre de Lille pour la continuation du réseau jusqu'à Lille ; il accepte la création du second circuit Châlons-Epernay-Paris, de celui de Châlons-Reims Mourmelon et aussi Lyon-Dijon Troyes-Reims, mais il demande en outre la réalisation d'un autre projet Reims-Paris, dont le coût serait de 92.000 francs et croit pouvoir dire que le concours de la Chambre de commerce sera de 100.000 francs.

M. Girant constate que MM. les membres du congrès paraissent tous se rallier au projet plus complet de M. le Sous-Secrétaire d'Etat, appuyé de la subvention promise au nom de l'Etat, et comme le projet de M. Poullot bénéficiera surtout et exclusivement à Reims, il espère que la subvention que donnera la Chambre de Reims, pourra être majorée de 25.000 ou 30.000 francs, car dans le cas contraire il en résulterait que, si 92.000 francs sont nécessaires pour le circuit Reims-Paris, Reims n'interviendrait plus que pour 8.000 francs dans les autres projets et ce chiffre est loin d'être en rapport avec les grandes ressources et l'importance considérable de la Chambre de Reims dans notre région de l'Est.

M. Poullot espère que, peut-être, on pourra faire plus, mais aujourd'hui il veut faire des réserves à ce sujet.

M. R. Chandon, heureux de constater les améliorations récentes apportées dans les relations téléphoniques par M. le Sous-Secrétaire d'Etat, dit qu'à raison du chiffre de la dépense que comportent ces divers projets et qui s'élève au total de 383.500 francs, il est bon de songer aux délais et aux modes de remboursement des avances faites.

Il se demande d'une part s'il ne faut pas craindre que, grâce à l'abaissement du tarif des communications, que du reste il considère comme un progrès tout à l'honneur de M. Mongeot, il faille attendre un temps beaucoup plus long que par le passé pour rentrer dans les avances. D'autre part, et pour obvier à cet inconvénient, ne serait-il pas équitable et peut-être conforme à une pratique quelques fois mise en usage, de demander et d'obtenir que le produit des circuits doublés soit, lorsque le remboursement du premier circuit est déjà effectué, appliqué

en entier à solder les avances faites pour la création du
2° circuit.

M. le Sous-Secrétaire d'Etat dissipe les craintes de M.
Chandon en déclarant que depuis l'abaissement des
tarifs, les communications ont plus que doublé et il ne
serait peut-être pas téméraire de prévoir dès aujourd'hui
qu'elles tripleront d'ici une année. M. Mougeot reconnaît
en outre le bien fondé de l'autre observation de M. Chandon,
confirme que son administration a, en certaines circons-
tances spéciales, suivi les errements signalés et se déclare disposé, à raison de son grand désir de voir aboutir
les projets du congrès, qui profiteront aux intérêts géné-
raux du pays, a décider que le remboursement des avances sera fait selon la demande de M. Chandon.

Ce dernier estime alors qu'il convient de donner une
première solution à cette réunion d'études et demande
que l'Assemblée décide si les Chambres de commerce
représentées consentent à se constituer en syndicat pour
qu'il soit fait masse des dépenses et des subventions,
sans affectation spéciale à tel ou tel projet, mais bien
pour l'exécution de l'ensemble des quatre projets étudiés,
discutés et provisoirement adoptés. Les remboursements
seront effectués dans les mêmes conditions et propor-
tionnellement aux avances consenties.

A l'unanimité, la proposition de M. Chandon est
adoptée.

Sur l'invitation de M. le Président, le Secrétaire établit
comme suit le tableau des dépenses et celui des subventions que l'on peut dès aujourd'hui considérer comme
réalisées :

Dépenses:

Circuit Châlons-Epernay-Paris et les au-delà de Paris.	82.500
Dijon Troyes Reims	185.000
Châlons Reims Mourmelon.	24.000
Reims Paris et les au-delà	92.000
Total.	383.500

Subventions:

Etat, offre ferme.	35.000	
Chambre de Reims.	100.000	
Chambre de Châlons (y compris subvention de Mourmelon).	50.000	
Chambre de St-Dizier.	15.000	
Chambre de Troyes.	25.000	225.000
Différence à recueillir.		158.500

Pour ce faire, un nouvel appel sera adressé aux chambres intéressées notamment Lyon, Dijon, Paris, Bar-le-Duc, Charleville, Sedan, aux départements, aux villes et à toutes les personnes qui voudront coopérer à cette œuvre appelée à rendre les plus grands services au commerce et à l'industrie.

M. le Sous-Secrétaire d'Etat tient à rappeler encore une fois que toute son autorité et sa bonne volonté sont offertes au syndicat qui vient d'être constitué et que le Gouvernement interviendra directement près des Chambres de commerce intéressées.

Avant de lever la séance, M. le Président adresse à M. le Sous-Secrétaire-d'Etat, à M. le Préfet, à M. Léon Bourgeois, député, et à MM. les délégués des Chambres de commerce de Reims, Troyes et Saint-Dizier, les remerciements et la reconnaissance de la Chambre de

Châlons qui a le grand honneur d'avoir vu un membre du Gouvernement répondre à son appel ainsi que les plus grandes personnalités commerciales de la région.

Il termine en faisant le vœu que le syndicat qui vient d'être constitué voie s'augmenter le nombre des Chambres participantes pour la bonne et prompte réussite de l'œuvre entreprise.

A cinq heures 1|2 la séance a été levée.

Le Secrétaire,

Signé : GIRAUT.

N.-B. — Nous apprenons que depuis cette réunion, la Chambre de Commerce de Dijon a adhéré au Syndicat ci dessus désigné et garantit une subvention de 50,000 francs.

Pour copie conforme :

Le Président du Congrès,

U. HERVEUX.

9545. — Châlons, imp. de l'Union